ANALIZA KSIĄŻKI

Wyspa Czaszki

· · · · · · · · · · · · · · · · · ·

ANTHONY HOROWITZ

ANALIZA KSIĄŻKI

Napisany przez Elena Pinaud
Przetłumaczony przez Kâmil Kowalski

Wyspa Czaszki

ANTHONY HOROWITZ

ANTONI HOROWITZ — 5

Pisarz angielski — 5

WYSPA CZASZKI — 7

Współczesna bajka pełna humoru — 7

STRESZCZENIE — 8

Groosham Grange: szkoła dyscypliny — 8

Pierwsze tajemnice — 9

Próby ucieczki — 11

Świat czarów — 12

STUDIUM POSTACI — 13

David Eliot — 13

Edward i Eileen Eliot — 13

Jill — 14

Jeffrey — 14

Gregor — 15

Pan Kilgraw — 15

KLUCZOWE ZAGADNIENIA — 16

Cudownie nowoczesna opowieść — 16

Zadanie inicjacyjne — 19

Fantastyczna historia — 20

Powieść humorystyczna — 22

Satyra na społeczeństwo — 23

DROGI DO REFLEKSJI — 26

Kilka pytań do dalszej refleksji… — 26

ABY PÓJŚĆ DALEJ — 27

Wydanie referencyjne — 27

Badania porównawcze — 27

ANTONI HOROWITZ

PISARZ ANGIELSKI

- **Urodzony w 1955 roku w Londynie**
- **Niektóre z jego prac:**
  - *Sokół maltański* (1986), powieść
  - *Zabójcze zdjęcie* (2005), opowiadania
  - *Sherlock Holmes nie żyje. Niech żyje Moriarty* (2014), powieść

Anthony Horowitz to angielski pisarz urodzony w 1955 roku. Jest autorem ponad czterdziestu powieści, tłumaczonych na wiele języków. Jest pisarzem o światowej renomie. Najbardziej znany jest z literatury dziecięcej, z opowiadań fantasy (takich jak *Wyspa Czaszki* i jej kontunuacja, *Przeklęty Graal*, 1995) i powieści kryminalnych (takich jak *Sokół maltański* i *Wróg publiczny nr 2*, 2014), które zawsze charakteryzują się zwrotami akcji i humorystycznym stylem. Jest również autorem powieści dla dorosłych, takich jak *Moriarty* (2014), sequel przygód Sherlocka Holmesa, a także scenariuszy do seriali telewizyjnych, takich jak *Herkules Poirot* (1991-2002) i *Inspektor Barnaby* (1997-2000).

Jego twórczość zdobyła nagrody literackie: nagrodę Polar-Jeunes w 1988 roku za *Le Faucon malté*, European Children's Novel Prize w 1993 roku za *L'Île du crâne* oraz Grand Prix des lecteurs du magazine *Je bouquine* w 1994 roku za *Devine qui vient tuer* (1991). W styczniu 2014 roku został odznaczony Honorowym Medalem Orderu Imperium Brytyjskiego za "zasługi dla literatury".

WYSPA CZASZKI

WSPÓŁCZESNA BAJKA PEŁNA HUMORU

- **Gatunek:** powieść fantasy

- **Wydanie referencyjne:** *L'Île du crâne,* przełożyła z angielskiego Annick Le Goyat, Paris, Le Livre de Poche Jeunesse, 2014, 192 s.

- Pierwsze **wydanie:** 1988 r.

- **Tematyka:** magia, fantasy, nastolatki, szkoła, wampiry, czarodzieje

Wydana w 1988 roku *Wyspa Czaszek* (*Groosham Grange* w wersji oryginalnej) to rodzaj współczesnej baśni fantasy z nutami absurdalnego humoru. Jest to historia 12-letniego chłopca, Davida Elliota, któremu z pomocą całego szeregu dziwnych postaci udaje się pokonać rodzicielskie i szkolne przeszkody i zbudować siebie jako nastolatka.

Ironiczny sposób pisania, obecność symboli, drobne aluzje do współczesności i żywy rytm dialogów nadają tekstowi niezwykłe bogactwo. *Wyspa Czaszek została* wyróżniona w 1993 roku Europejską Nagrodą Powieści dla Dzieci miasta Poitiers.

STRESZCZENIE

GROOSHAM GRANGE: SZKOŁA DYSCYPLINY

Pod koniec pierwszego semestru szkolnego, dwunastoletni David Eliot wraca do domu z bardzo słabymi wynikami na wykazie ocen ocen i wyjątkowo negatywnymi komentarzami od swoich nauczycieli. List informuje jego rodziców, że został wydalony, "za stały i świadomy socjalizm" (s. 14). Jego matka, pani Eliot, życzy sobie, by nie miała więcej synów. Jego zły ojciec z tęsknotą wspomina kary, jakie wymierzał mu jego własny ojciec, gdy nie spełniał jego oczekiwań: widział siebie "powieszonego za nogi w lodówce" (s. 10). "W młodości wiedziałem, co znaczy dyscyplina [...] Kij! Tego im brakuje" – płacze nad dzisiejszymi dziećmi (s. 19). Rozgoryczony tymi marnymi wynikami, rzuca się na syna z nożem: niesiony pędem, dźga żonę, zanim przejeżdża po niej wózkiem inwalidzkim i ląduje w kominku. David wykorzystuje sytuację, by schronić się w swojej sypialni.

Następnego dnia pan Eliot mówi swojej żonie, że chce, aby ich syn nauczył się prawdziwej dyscypliny. W tym momencie list zdawał się spełniać jego życzenie. Był to list z Groosham Grange College oferujący naukę dyscypliny dla dzieci. Tam rok szkolny ma tylko jedno święto w roku, a ponieważ szkoła znajduje się na wyspie, uczniowie nie mogą uciekać.

David musi natychmiast wyjechać do tej tajemniczej szkoły z internatem. Po drodze spotyka Jeffreya i Jill, również wyrzuconych ze swojej szkoły, którzy wkrótce mają zostać internatem w Groosham Grange College. Trójka nastolatków, przygnębionych i podejrzliwie nastawionych do pomysłu wstąpienia do tej dziwnej szkoły, zawiera pakt: będą się wzajemnie wspierać i postarają się jak najszybciej uciec. Spotkanie z księdzem w przedziale budzi ich podejrzenia co do Groosham Grange: mężczyzna staje się przerażony i mdleje, gdy słyszy nazwę ich szkoły. I nie bez powodu: w rzeczywistości jest to szkoła czarów.

Po dotarciu na stację, dzieci spotykają się z Gregorem, szkolnym kierowcą, który ma je odprowadzić do szkoły. Zabiera ich do łodzi starym karawanem. W porcie przejmuje nad nimi pieczę kapitan Baindesang, przewoźnik promowy. Wyspa Czaszek zachwyca ich przede wszystkim dzikim lasem i niedostępnymi klifami. Dziwna jest również architektura budynku szkoły: zbudowana w zaskakującej mieszance stylów religijnych, administracyjnych i ornamentalnych.

PIERWSZE TAJEMNICE

Zaraz po przyjeździe David zostaje wysłany do zastępcy dyrektora szkoły, pana Kilgraw. Chce zapewnić chłopca, że jego szkoła zapewnia edukację, która "przekracza najśmielsze marzenia" uczniów, a kadra jest "inna" (s. 55). Mówi Dawidowi, że jest "siódmym synem siódmego syna" i że "to czyni [go] wyjątkowym" (*tamże*). W międzyczasie David zostaje zmuszony do wpisania swojego nazwiska do rejestru swoją krwią, co go przeraża, podobnie jak fakt, że nie widzi Kilgraw'a odbitego w dużym lustrze w swoim gabinecie. To poczucie grozy potęguje się jeszcze bardziej, gdy uświadamia sobie, że wśród pozostałych uczniów, wszystkich noszących czarne obrączki podobne do Kilgraw, pojawiają się osoby o nazwiskach niepasujących do tych, które widnieją na metkach ich mundurów. Mimo to zajęcia przebiegają całkiem sprawnie.

David, który zastanawia się nad charakterem szkoły, zauważa szereg dziwnych faktów: pan Leloup trzyma w swojej szafce martwego gołębia; kuchnia wygląda jak laboratorium biologiczne, a w nocy inni uczniowie znikają bez śladu. Później uświadamia sobie, że kadra nauczycielska składa się z fantastycznych istot: pan Kilgraw, nauczyciel łaciny, jest wampirem; pan Creer, nauczyciel modelarstwa, jest nieumarłym; pan Leloup, nauczyciel francuskiego, jest wilkołakiem; panna Pedicure, odpowiedzialna za lekcje angielskiego, i pani Windergast, gospodyni, są czarownicami.

Zdeterminowany, by zdobyć dowód, David wchodzi do biura pana Kilgraw, zastępcy dyrektora, i poparza się przy kontakcie z czarnym pierścieniem trzymanym w szufladzie. Kilgraw przyłapuje go na gorącym uczynku i mówi mu, że jest rozczarowany jego zachowaniem i buntowniczym duchem. Ma nadzieję, że pewnego dnia Dawid będzie w stanie zaakceptować szkołę taką, jaka jest.

Wysłany z powrotem do ᵖᵃⁿⁱ Windergast, aby mieć jego oparzenia traktowane, David jest oferowany maść, aby pomóc mu spać lepiej. Tej nocy śni, że jest z wszystkimi pensjonariuszami i nauczycielami kolegium w jaskini obchodzącej Boże Narodzenie z dobrym jedzeniem, tańcem i śmiechem. Tam widzi jak jego przyjaciel Jeffrey otrzymuje od pana Kilgraw'a czarny pierścień. Następnego ranka stwierdza, że pan Kilgraw jest wrogo nastawiony, nie jąka się już i nosi na palcu czarny pierścień.

PRÓBY UCIECZKI

Przerażony David pisze list do ojca z prośbą o wycofanie go z uczelni, gdyż uważa, że nauczyciele chcą go zamienić w zombie. W zamian obiecuje spełnić marzenie ojca o tym, że będzie jego następcą na stanowisku prezesa Banku Anglii. Chłopiec, wspomagany przez Jill, która podjęła kilka prób ucieczki z wyspy, postanawia również wysłać w morze butelki zawierające wołania o pomoc. Jeden z nich zostaje przechwycony przez Ministerstwo Edukacji, które natychmiast wysyła na wyspę inspektora. Inspektor był początkowo pod wrażeniem Groosham Grange. Szkoła, poinformowana o jego przybyciu, starannie przygotowała się na jego wizytę: inspektor zostaje w końcu zabity przez pannę Pedicure za pomocą woskowej figury samego siebie.

Pan Kilgraw i jego koledzy decydują, że nadszedł czas, aby David odbył rozmowę z dyrektorami szkół. Jego niesubordynacja przeszkadza im w planach uczynienia go jednym z nich, a czas ucieka: planują wprowadzić Davida do magii w dniu jego trzynastych urodzin. Jeśli chłopiec odmówi, musi umrzeć. Kiedy nastolatek wchodzi do gabinetu panów Fitcha i Teagle'a, dyrektorów szkół, odkrywa, że tak naprawdę są oni jednym i tym samym człowiekiem o dwóch głowach. Na ich widok mdleje.

Obawiając się, że zostanie zamieniony w zombie, David postanawia uciec dwa dni później, w swoje trzynaste urodziny. Udaje mu się ukraść łódź Baindesanga i uciec z wyspy.

Po powrocie na suchy ląd nikt nie wierzy w jego historię o czarownicach z Groosham Grange. Chcąc dowiedzieć się więcej o tym, czego właśnie doświadczył, David udaje się do biblioteki, gdzie odkrywa książkę *Black Magic in Britain,* z której dowiaduje się wielu informacji o czarownicach, ich inicjacji i Akademii Czarownic Groosham Grange.

Wychodząc z biblioteki, Dawid dostrzega szkolnego kierowcę, Gregora. Aby przed nim uciec, chłopiec wchodzi na miejski targ i wsiada do pociągu widmo. Gdy pociąg wychodzi z tunelu, David uświadamia sobie, że znajduje się na klifach Wyspy Czaszki. Są już jego urodziny: nie może już przed nimi uciec.

ŚWIAT CZARÓW

Pojawia się Jill i prosi go, by poszedł za nią. Wyjawia Davidowi, że ponieważ oboje są siódmym dzieckiem siódmego dziecka, mają specjalne moce, a nauczyciele chcą ich tylko nauczyć, jak z nich korzystać. Razem przechodzą przez biblioteczne lustro i znajdują się w jaskini, o której David marzył w Boże Narodzenie. Jill nosi czarny pierścień: David rozumie, że właśnie skończyła 13 lat i że ten pierścień symbolizuje jej inicjację w czary. Otoczony przez nauczycieli i uczniów, David staje przed dylematem: zgodzić się na zapomnienie dawnej tożsamości i zostać czarownicą lub zginąć. Szybko dokonuje wyboru.

Wracając na jednodniowe wakacje z rodziną, zirytowany David zamraża ich na trzy tygodnie magicznym zaklęciem. Następnie wypowiada kolejne zaklęcie, aby zrobić sobie *koktajl mleczny* i mówi sobie, że na pewno zda swoje magiczne egzaminy.

STUDIUM POSTACI

DAVID ELIOT

Dawid jest bardzo samotnym prawie 13-latkiem. Nierozumiany przez nauczycieli i rodziców, ma sześć sióstr, które już opuściły dom. Jest "mały jak na swój wiek i bardzo szczupły" (s. 9), ma "brązowe włosy, niebiesko-zielone oczy [i] piegi" (s. 9-10). Pozbawiony pewności siebie, myśli o sobie jako o "małym i brzydkim" (s. 10). Wrażliwy i inteligentny, "posiada […] siłę charakteru, [ducha] niezależności" (s. 73), co doprowadziło do wyrzucenia go z publicznej szkoły, do której zapisali go rodzice. Jego poczucie sprawiedliwości i wolności uniemożliwiało mu dostosowanie się do szkolnych "głupich zasad i przepisów" (s. 13). W Groosham Grange okazuje się być dobrym uczniem. Osamotniony wbrew przeciwnościom losu ze swoją przyjaciółką Jill, wykazuje się odwagą i wytrwałością. Przeczuwając, że nauczyciele i uczniowie skrywają mroczną tajemnicę, nie waha się podjąć ryzyka, by dowiedzieć się, co próbują przed nim ukryć i prowadzi skrupulatne – i niebezpieczne – poszukiwania prawdy. To w końcu doprowadzi go do odkrycia siebie i zaakceptowania swojej prawdziwej natury: w rzeczywistości jest czarodziejem o wielkich mocach.

EDWARD I EILEEN ELIOT

Rodzice Davida to dwie karykaturalne postacie, wredne i pozornie nieczułe na wszystko. Ojciec, poruszający się na

wózku inwalidzkim w wyniku znęcania się nad nim w dzieciń-
stwie – które w swojej głupocie uważa za uzasadnione i
korzystne – znęca się zarówno werbalnie, jak i fizycznie.
Matka, pijąca, jest podporządkowana mężowi i wspiera go w
jego pasowaniach do władzy. Świadczy o tym ich traktowa-
nie syna: pozbawiają go kolacji i świąt, nie słuchają i przyj-
mują postawę autorytarną. Nie ma żadnych zmian w
przebiegu historii.

JILL

Jill jest młodą dziewczyną u progu swoich 13 urodzin.
Wysłana do Groosham Grange tego samego dnia co David,
natychmiast staje się jego sprzymierzeńcem. Ma "okrągłą
chłopięcą twarz, [...] krótkie brązowe włosy i niebieskie oczy"
(s. 31). Zaniedbywana przez wiecznie nieobecnych rodziców,
jest zaradna i samodzielna. Jej buntownicza natura sprawiła,
że uciekła z dwóch szkół publicznych i została wyrzucona z
trzeciej. Jest zdecydowana uciec z Wyspy Czaszki, "pływając
[...] jeśli będę musiała" (s. 32). Po przybyciu na wyspę, spo-
strzegawcza, odważna i zdeterminowana, wciąż szuka spo-
sobów na opuszczenie szkoły i wraz z Davidem bada, co tak
naprawdę się tam dzieje. W dniu swoich urodzin, skonfronto-
wana z prawdą o swojej czarodziejskiej naturze podczas
szkolnej ceremonii inicjacyjnej, przestaje opierać się światu
magii.

JEFFREY

Podobnie jak dwaj poprzedni bohaterowie, Jeffrey ma prawie 13 lat i nie spełnia oczekiwań swoich rodziców. Ponadto

fakt, że jest chciwy, zawiany i jąka się, czyni go uprzywilejowaną ofiarą kpin, z wyjątkiem Wyspy Czaszki, gdzie akceptuje się wszelkie odmienności. Nie jest to silny charakter, gdyż szybko ulega mrocznym schematom nauczycieli z Groosham Grange.

GREGOR

Gregor jest kierowcą w Groosham Grange College. To garbata, zdeformowana i strasznie brzydka postać, która wiernie służy swoim pracodawcom i uczniom szkoły, których nazywa swoimi "mistrzami" (s. 43). Podczas wizyty w szkole inspektor Departamentu Edukacji gratuluje Kilgrawowi po spotkaniu z Gregorem: "Akademia jest bardzo wrażliwa na zatrudnianie osób niepełnosprawnych." (p. 120)

PAN KILGRAW

Wicedyrektor i nauczyciel łaciny jest w rzeczywistości wampirem, który boi się światła słonecznego. David uważa, że jest bardzo stary i wygląda równie kadrowo i niechlujnie jak meble w jego biurze. Zadaniem Kilgraw'a jest rzecznictwo na rzecz swojej uczelni i kolegów. Zajmuje się również rekrutacją nowych uczniów i przeprowadzaniem rytuałów inicjacyjnych: zabija tych, którzy odmawiają wtajemniczenia w magię i czyni nieśmiertelnymi tych, którzy zgodzą się współpracować.

KLUCZOWE ZAGADNIENIA

CUDOWNIE NOWOCZESNA OPOWIEŚĆ

Charakterystyka narracyjna baśni

Wyspa Czaszki to pod wieloma względami bajka.

- **Schemat narracji.** Konstrukcja opowiadania jest zgodna z konstrukcją baśni:

- **Sytuacja początkowa:** to początek opowiadania, moment, w którym ustala się sceneria i wprowadza bohaterów; sytuacja jest zrównoważona, tzn. nie ma powodu, by się zmieniać.

- David to dziecko niezrozumiane przez rodziców, które ma samotne i niespełnione dzieciństwo;

- **Element zakłócający:** jest to wydarzenie, które zakłóca sytuację wyjściową i uruchamia samą historię.

- Chłopiec został wyrzucony ze szkoły i wysłany do Groosham Grange na Wyspie Czaszki;

- **Zwroty akcji:** to wydarzenia wywołane przez element zakłócający, które prowadzą do działania (działań) podjętych przez bohatera w celu rozwiązania problemu.

- Od przybycia na wyspę do ucieczki, David przeżywa kilka przygód, takich jak nocna wizyta w szkole z Jill (kiedy wszyscy inni uczniowie zniknęli) lub jego włamanie do biura pana Kilgraw, podczas którego spala się czarnym pierścieniem wicedyrektora, zanim zostanie złapany;

- Wyjaśnienie: kładzie kres wydarzeniom i prowadzi do sytuacji końcowej.

- David zostaje w magiczny sposób sprowadzony z powrotem na wyspę i po ceremonii inicjacyjnej wkracza w świat czarów;

- **Sytuacja końcowa :**

- Dawid spełnia swoją rolę jako uczeń czarodzieja.

- **Postacie.** Bohaterowie i ich relacje również zbliżają tę historię do bajki. Są :

- **Bohater:** David ;

- Sprzymierzeńcy: Jill i Jeffrey (zawierają pakt na początku opowieści: "będziemy stać razem… my przeciwko nim", s. 36);

- **Przeciwnicy:** pracownicy szkoły, kapitan Baindesang i inni uczniowie;

Symbole i inne klasyczne elementy baśni

- **liczba 7, liczba "magiczna":** uczniowie czerpią swoją magiczną moc z faktu bycia siódmym dzieckiem siódemki;

- **liczba 13, liczba "zła": to właśnie** w wieku 13 lat uczniowie Groosham Grange przechodzą inicjację i otrzymują czarny pierścień, znak przynależności do świata magii i złego świata Wyspy Czaszek;

- **wyspa:** miejsce, w którym rozgrywa się akcja, jest odizolowane. Nie sposób znaleźć go na mapie i nie jest połączony z resztą znanego świata. Odpowiada więc nieokreślonym miejscom z cudownych opowieści (np. "bardzo odległe królestwo");

- **magiczne przedmioty :**

- "czarny pierścień" noszony przez uczniów i nauczycieli w Groosham Grange (kiedy David dotyka tego, który znajduje w biurze pana Kilgraw, poparza się);

- lustro w bibliotece, które służy jako przejście dla studentów, którzy przechodzą przez nie każdej nocy o północy;

- maść nakładana przez panią Windergast na czoło Davida, która zabiera go w senną podróż;

- woskowa lalka i igły użyte do zabicia inspektora.

- **wspaniałe postacie:** pani Windergast, dyrektorka szkoły, jest czarownicą, typową postacią w bajkach, a panna Pedicure jest czarownicą, typową postacią w bajkach.

Manicheizm

Podczas gdy tradycyjne opowieści ustanawiają wyraźną różnicę między dobrem a złem, dobrem i złem, ta historia różni się tym, że odmawia bycia manichejską: granica między tymi dwoma pojęciami jest bardziej złożona i niejednoznaczna. Zresztą w *Wyspie Czaszki* czytelnik uświadamia sobie na końcu, podobnie jak bohater, że ten, o którym sądzi się, że jest "zły", wcale nim nie jest: David spędza czas próbując uciec od tych, którzy dobrze mu życzą (Jill mówi: "Walczyliśmy z nimi. A przecież cały czas byli po naszej stronie", s. 171). Ponadto widać, że szkoła na Wyspie Czaszki, choć prowadzona przez czarodziejów i przesiąknięta czarną magią, jest przyjemniejsza niż szkoły publiczne, z których wyrzucono Davida, Jill i Jeffreya. Dawid nie nudzi się na zajęciach, robi postępy we wszystkich przedmiotach i "nie ma kary" (s. 61). Czarne charaktery, potwory (czyli nauczyciele), choć ponure i zdolne do zadawania śmierci, są "raczej miłymi czarnymi charakterami", jak zauważa pan Kilgraw (s. 174). To prawda, że profesorowie zamordowali inspektora, ale bronią się przed swoją zbrodnią argumentując, że nie mieli innego wyjścia, bo ryzykowali wykrycie przez angielskie społeczeństwo. Pod koniec powieści znajdujemy rozkwitającego Davida, który zastanawia się, czy wybrać "białą magię czy czarną" i woli "odłożyć decyzję" (s. 179-180). Wreszcie, tradycyjnie złe istoty są tu przedstawione w lepszym świetle niż rodzice Davida czy angielskie szkoły publiczne, które są raczej "czarnymi charakterami" tej historii.

ZADANIE INICJACYJNE

Bajka to opowieść o inicjacji, zwykle z udziałem dziecka, które pokonuje różne próby, by stać się dorosłym. Bohater wyrusza na wyprawę (w tym przypadku po prawdę o Groosham Grange), ale tak naprawdę szuka własnego spełnienia. Tak też jest w tej powieści: młody Dawid na końcu historii odkryje i spełni siebie. Ceremonia, której poddaje się w dniu swoich trzynastych urodzin, pełni rolę obrzędu przejścia do dorosłości, a także inicjacji w magię. Czarny pierścień, który otrzymuje, jest symbolem jego nowej przynależności do świata czarodziejów. Przechodzi z jednego stanu do drugiego: z dziecka do mężczyzny, ze zwykłego śmiertelnika do czarodzieja. Metamorfozę tę podkreśla fakt, że porzuca swoje pierwotne imię i przyjmuje imię słynnego byłego czarodzieja (historia nie mówi, które wybrał).

FANTASTYCZNA HISTORIA

Wyspa Czaszki nie jest jednak, ściśle rzecz biorąc, baśnią. Podczas gdy baśń cudowna rozgrywa się w nieokreślonej czasowości ("once upon a time") i we wszechświecie, który od razu jest akceptowany jako magiczny, baśń fantastyczna rozgrywa się we wszechświecie realistycznym. Magiczne czy nadprzyrodzone elementy, które się pojawiają, kłócą się z realistycznym otoczeniem, jakim jest Anglia końca XX wieku: David nie wierzy w magię, dopóki nie odkryje specyfiki Groosham Grange i jego mieszkańców. Ponadto ta szkoła czarów robi wszystko, aby pozostać w tajemnicy i ukryć swoją prawdziwą naturę, aby nie wzbudzać podejrzeń ludności. Oto różne elementy, które sprawiają, że *Wyspa Czaszki* jest fantastyczną opowieścią:

- **fantastyczne stworzenia.** Pan Leloup jest wilkołakiem, pan Kilgraw wampirem, a panna Pedicure jest nieśmiertelna;

- **groza i przerażenie.** W powieści nie brakuje przerażenia i strachu, uczuć często obecnych w gatunku fantasy. Niektóre sceny są spektakularne:

- Śmierć pana Troloina, inspektora departamentu, jest punktem kulminacyjnym opowieści, który pozostawia Davida i Jill w osłupieniu, ponieważ "scena [jest] tak przerażająca" (s. 128);

- nocna konfrontacja Jill, Davida i wilkołaka w gęstym lesie Wyspy Czaszki (s. 126-127);

- Ucieczka Davida w łodzi kapitana Baindesanga, którego oderwane ręce pozostają zawieszone na linie (s. 147).

- **nawiązania do literatury fantastycznej.** Autor bawi się kodami powieści fantastycznej i nawiązuje do utworów lub autorów, którzy naznaczyli ten gatunek:

- Gregor, szkolny podręczny, nawiązuje do Igora, wiernego sługi Frankensteina lub Draculi, postaci typowej dla opowieści fantasy. Jest "strasznie zdeformowany", ma "tylko jedno oko", "jeden policzek spuchnięty, drugi pusty" i "rzadkie włosy" (s. 41-42). Uczniów nazywa swoimi "mistrzami";

- Kruk obserwuje Davida na początku powieści, gdy ten przygotowuje się do wyprawy na Wyspę Czaszki. To pewnie zwierzak pani Windergast. Przypomina słynny wiersz "Kruk" (1845) Edgara Allana Poe (amerykański powieściopisarz, dramaturg i poeta, 1809-1849), mistrza gatunku fantasy;

- Powieść jest też ukłonem w stronę *Wyspy Skarbów* (1883) R. L. Stevensona (pisarz szkocki, 1850-1894), innej wielkiej postaci literatury fantastycznej. Stąd tytuł *Wyspa Czaszki* jest bardzo bliski tytułowi powieści Stevensona. Elementem tego nawiązania jest postać kapitana Baindesanga. Z "czarną brodą" i "masą splątanych włosów", wyposażony w miecz i "przepaskę", nosi "złotą klamrę w lewym uchu" (s. 46) i odpowiada typowej literackiej postaci wilka morskiego. Narrator nawiązuje dosłownie do dzieła Stevensona, opisując bohatera: "You'd have thought he was straight out of *Treasure Island*". (p. 46)

POWIEŚĆ HUMORYSTYCZNA

Wyspa Czaszek naznaczona jest rejestrem komiksowym, co czyni ją smakowitą powieścią hybrydową.

Komedia słów

Opowiadanie jest pełne kalamburów. Można je znaleźć w:

- **nazwiskach bohaterów**: kapitan Baindesang, pan Kilgraw (*to kill* znaczy "zabić"), pan Leloup. Każdy z nich odnosi się do istotnej cechy postaci;

- **zwrotach**: w odniesieniu do dyrektorów szkół, którzy w rzeczywistości są jednym człowiekiem o dwóch głowach, autor pisze: "Na czele szkoły stały dwie głowy. (s. 136) Albo kiedy ojciec Davida wykrzykuje, o swoim synu: "Od lat czekam, aż pójdzie w moje ślady, przynajmniej w ślady mojego wózka inwalidzkiego, ponieważ ja nie mogę chodzić." (p. 24)

Komedia charakterów

Komedia charakterów motywowana jest nadmierną osobowością postaci. Postać kieruje się przywarą lub obsesją w tak przesadny sposób, że staje się śmieszna. Postać ojca Elliota, w jego głupocie i nadmiernej gwałtowności, jest komiczna. Jego karykaturalne zamiłowanie do dyscypliny czyni go postacią śmieszną i niedorzeczną.

Komedia gestów

Komedia gestu, bardzo rozpowszechniona w teatrze, polega na gestach postaci (mimika, grymasy, upadki, policzki, potknięcia itp.), które prowokują widza do śmiechu. Horowitz używa go w bardzo plastycznych scenach, zwłaszcza na początku powieści, w rodzinie Eliotów: biedna matka Davida ciągle robi sobie krzywdę, albo przez niezdarność, albo przez ciosy, które jej mąż początkowo zamierzał zadać synowi: przejeżdża po niej swoim krzesłem, dźga ją, uderza, ochlapuje, popycha….

Rozbieżność i absurd

Horowitz z wielką przyjemnością zaskakuje czytelnika licznymi efektami zerwania, niezgodności z tym, czego się oczekuje, co tworzy efekt komiczny. David pisze w swoim dzienniku o nauczycielce angielskiego: "Pani Pedicure ma idealne zęby. Jedyną wadą jest to, że trzyma je w szklance na rogu biurka. (s. 63) Wszystko w Groosham Grange przybiera ponury obrót: szkolny pojazd to nie autobus, ale karawan; piłka nożna to "nadmuchany świński pęcherz" (s. 65); pupilem kwestora jest wrona; uczniom na powitanie podaje się nie frytki czy ciasto, ale "kaszankę" (s. 53). Powstała w ten sposób przepaść między tym, czego oczekuje się od szkoły, a rzeczywistością Groosham Grange jest komiczna.

SATYRA NA SPOŁECZEŃSTWO

Wyspa Czaszek, pod swoim lekkim wyglądem, może być postrzegana jako powieść zaangażowana. Anthony Horowitz ukrywa w niej krytykę zadufanego w sobie angielskiego społeczeństwa, którą satyrycznie przedstawia w całej opowieści. Jego przesłania przekazywane są za pomocą humoru i parodystycznego przerysowania.

Krytyka burżuazji

Mieszczaństwo reprezentowane jest w powieści przez rodziców Dawida, którzy są karykaturalni i zupełnie niesympatyczni. Ojciec, z zawodu bankier, czyta *"Financial Times"*. Przysięga na finanse, a synowi na ósme urodziny podarował teczkę i co roku zabiera go na giełdę jako prezent świąteczny. Opętany ślepą i brutalną dyscypliną, jest nieczuły i odczłowieczony. Matka, gospodyni domowa podporządkowana mężowi, jest głupia i ma niefortunną skłonność do picia ("wlała sobie mały kieliszek wódki do miski z płatkami", s. 18). Rodzina żyje w zimnym, absurdalnym i sztucznym świecie: ich ogród "w całości wypełniony plastikowymi roślinami" jest tego doskonałym przykładem (s. 28).

Krytyka szkół publicznych

Szkoły publiczne są przedstawiane jako brutalne, niesprawiedliwe i surowe instytucje, w których wolność jest tłumiona do ostatniego tchu. Praktykowane są najbardziej upokarzające kary: gdy zostaje wydalony, przecinają "krawat Davida na pół i malują [jego] kurtkę na żółto na oczach całej szkoły" (s. 13).

Feminizm

Horowitz przedstawia rodzinę Eliotów jako rodzinę konserwatywną par excellence. [Pani] Eliot jest zastraszana przez męża, który mówi do niej źle i mniej lub bardziej niechcący ją krzywdzi. Zgadza się ze wszystkim, co on mówi, ale jego łagodne słowa przeczą jej lękowi przed nim: "Co to jest, najdroższy?" (s. 20); "Pewnie masz rację, najdroższy" – jęknęła ᵖᵃⁿⁱ Eliot (s. 178). Kiedy David poznaje Jill, niezależną, obdarzoną silną wolą dziewczynę, nie może powstrzymać się od porównania jej do swojej matki i stwierdzenia, że "pochodzi z epoki prehistorycznej" (s. 31).

Ponadto feministyczny punkt widzenia autorki wyraża się w karykaturze szkół publicznych dla dziewcząt: Jill uciekła z trzech szkół, w których uczono ją "układania bukietów z kwiatów i gotowania" (s. 34), a rodzice wysyłają ją do Groosham Grange, myśląc, że będzie mogła "nauczyć się manier, haftowania i takich tam drobiazgów" (s. 34), pod pretekstem, że będąc dziewczynką, powinna ograniczyć się do nauki prac domowych.

Morał z tej historii

W tej oryginalnej opowieści Horowitz świetnie się bawi, zaskakując czytelnika i bawiąc się kodami tradycyjnej literatury. Dekonstruuje zarówno manicheizm, jak i aspekt moralny właściwy dla baśni: oddaje czarnym charakterom należną im sprawiedliwość w radośnie ponurym świecie. Jak mówi pan Kilgraw pod koniec opowieści o rzekomo złych istotach zamieszkujących Wyspę Czaszki: "Nigdy nie zrzuciliśmy bomby atomowej, […] nigdy nie zanieczyszczaliśmy środowiska […] nigdy nie eksperymentowaliśmy na zwierzętach ani nie obcinaliśmy zasiłków rodzinnych" (s. 173). Ostatecznie to właśnie świat doczesny, uniwersum naszej rzeczywistości, reprezentowane w szczególności przez rodziców Davida, nosi w sobie prawdziwą przemoc.

DROGI DO REFLEKSJI

KILKA PYTAŃ DO DALSZEJ REFLEKSJI...

- Czy dzieło to można określić jako opowieść inicjacyjną? Uzasadnij swoją odpowiedź.

- Jak można porównać Wyspę Czaszek z Podziemiem z mitologii grecko-łacińskiej?

- Jaki obraz szkół publicznych przedstawia Horowitz?

- Co zbliża to dzieło do cudownej bajki?

- Czy zaklasyfikowałbyś to dzieło jako opowieść cudowną lub fantastyczną? Uzasadnij swoją odpowiedź.

- Jak symboliczny jest fakt, że szkoła czarów znajduje się na wyspie?

- Jak Horowitz konstruuje swój humor i co jest jego celem?

- W *Cursed Grail*, sequelu *Wyspy Czaszki,* jakie zmiany zachodzą w postaci Davida? Skomentuj związek Davida z wampirem Kilgrawem.

- Utwór ten przypomina *Harry'ego Pottera* (1997-2007) autorstwa J. K. Rowling (brytyjska powieściopisarka, ur. 1965). Porównaj *Wyspę Czaszki* z pierwszą książką sagi: *Harry Potter i Kamień Filozoficzny.*

ABY PÓJŚĆ DALEJ

WYDANIE REFERENCYJNE

HOROWITZ A, *L'Île du crâne,* przełożyła z angielskiego Annick Le Goyot, Paris, Le Livre de Poche Jeunesse, 2014, 192 s.

BADANIA PORÓWNAWCZE

BERGSON H., *Le Rire,* Paris, PUF, 2006, 168 s.

CHEVALIER J. i GHEERBRANT A., *Dictionnaire des Symboles,* Paris, Robert Laffont, 1969.

HOROWITZ A., *Maudit Graal,* przełożyła z angielskiego Annick Le Goyot, Paris, Le Livre de Poche Jeunesse, 2014, 192 s.

NOURISSIER F. i BIAISI P.-M. DE, *Dictionnaire des genres et notions littéraires*, Paris, Albin Michel, 2001.

POE E. A., « Le Corbeau », in *L'Intégrale illustrée,* Paris, Archipoche, coll. « Bibliothèque des Classiques », 2015, 850 s.

STEVENSON R. L., *Wyspa skarbów*, Paris, Flammarion, 2010, 392 s.

ZIPES J., *The Oxford Encyclopedia of Children's Literature*, Oxford, Oxford University Press, vol. II, 2006.

Chcemy usłyszeć od Ciebie, co się dzieje!
Zostaw komentarz na temat swojej internetowej biblioteki
i podziel się swoimi ulubionymi książkami w mediach społecznościowych!

Wydawca zapewnia o wiarygodności publikowanych informacji, co jednak nie może wiązać się z jego odpowiedzialnością.

www.50minutes.com

Master ISBN: 9782808693820
Papierowy ISBN: 9782808615228
Depozyt prawny: D/2023/12603/1802

Verhaal: © Primento

Projekt cyfrowy: Primento, cyfrowy partner wydawców.